Chloé et Clovis.

Claude Cognard

Chloé et Clovis.

Théâtre.

Claude Cognard

ISBN-13: 978-1481208208
ISBN-10: 1481208209

Avant-Propos

Deux personnages : canapé, un tableau mural, clavier mural avec leds rouges et vertes, fenêtres sur rue avec rideau, un ordinateur portable, un sac en cuir. Chloé, la cinquantaine, c'est une battante, elle sait que rien ne lui est dû, elle a la rage de ces quinquas qui ont tout sacrifié dans leur vie, pour les autres, la famille, les amis. Elle a été licenciée le jour de ses cinquante ans. Aujourd'hui, elle a compris, que cela ne servait à rien de vouloir régler ses comptes avec la société et que ceux qui s'en sortaient, étaient ceux qui savaient se servir des failles du système. Clovis est un quinqua, il a eu son heure de gloire. C'est un arriviste qui s'en défend et qui se revendique comme fils et petits-fils de paysans et d'ouvriers. Ce n'est pas un combatif, c'est un passif, un de ceux qui préfèrent lancer les bataillons à l'attaque des forteresses, plutôt que de prendre le moindre risque ou d'avoir la moindre ruse pour parvenir à ses fins. C'est un mièvre, un doucereux, un homme sans flamme, ce n'est même un doux rêveur, c'est un profiteur

Résumé...

Décidée à rétablir en sa faveur, l'injustice sociale dont elle estime être victime, depuis qu'elle pointe à pôle emploi, Chloé squatte l'appartement de son ex-patron, ministre d'état, qui vit en famille, six mois de l'année sur une île paradisiaque.

Un soir, Clovis, ancien directeur de magasin, dans la même entreprise, qui vient de gagner une forte somme au loto, pénètre dans l'appartement désireux d'apaiser sa conscience en rendant les pierres précieuses qu'il a dérobées lorsqu'il a appris qu'il allait être licencié. Il sait qu'à partir de l'appartement vide de son ex-patron, on peut accéder à la centrale d'alarme et convaincu que ses codes n'ont pas été désactivés, il force la porte et désactive la sécurité. Après quoi, il descend et pénètre dans la boutique... mais les alarmes se mettant à hurler et il revient sur ses pas et tombe nez à nez avec Chloé qui le reconnaît. La police arrive et quadrille le quartier. Impossible de sortir.

SCÈNE.

Milieu de la nuit. Appartement bourgeois baignant dans la pénombre. Les fauteuils sont recouverts de draps blancs de protection. Chloé en nuisette entre avec une tasse d'infusion.

Chloé. *(Tasse dans une main, elle allume).* Deux heures du mat ! Trop silencieux, je n'arrive pas à dormir. Ma mère, avant Alzheimer, racontait que la camomille faisait dormir... Normalement, c'est le tilleul qui a des vertus somnifères, non ?...

Elle dépose sa tisane sur la table de salon....

Chloé. ... la camomille, *(Pause)*, aussi !

Elle prend place dans un fauteuil, saisit la tasse et souffle à la surface de son infusion pour la refroidir.

Chloé. Je ne m'habituerai jamais à ces lits de bourgeois. Trop grands, trop moelleux... Enfin, c'est mieux que de dormir sous les dalles du périphérique... avec le passage des voitures !

Bruit dans l'entrée, elle sursaute. Elle pose la tasse et se précipite pour éteindre, puis elle se jette derrière un des fauteuils. Un homme portant un masque du Président de la république sur le visage circule sur la pointe des pieds, entre des fauteuils– le seul éclairage vient des lampadaires de la rue. L'homme cache un sac derrière un fauteuil.

Clovis. (Il *sort son téléphone portable et murmure*). Allô ! Chérie ? Oui ? Oui, évidemment que je t'aime ! Tu as décidé de me faire arrêter par la police ou quoi ? *(avec douceur)*. Je t'ai dit de **ne pas m'appeler tant que je n'aurai pas atteint mon but**... Allez ! Ce n'est pas le moment pour parler de ça ! Non, je veux … je veux tout restituer ! Tout ! Ma plus belle fortune, c'est toi et tes trente ans ! Pourquoi, je murmure ? .... Oui, je sais que les petzouilles ne sont pas là... Heureusement puisque j'y suis. Allez ! On ne sait jamais avec les politiciens... ils sont tous paranos, si ça se trouve, il a placé des micros.... Inutile de me rappeler. Je coupe le portable.

Il range son téléphone, puis il décroche un tableau au mur, ce qui lui laisse accès à un clavier... gêné, il relève son masque, il allume une lampe de poche, on voit son visage.

Clovis. (*Murmure*). Baudry et ses acolytes, ces cons, m'ont licencié en oubliant de me reprendre les clés de la boutique, et, ils sont tellement pros, que je suis sûr, qu'ils n'ont jamais effacé mes codes perso de leur base de données !... On n'est pas nombreux à savoir que l'on peut commander la centrale d'alarme de la « bij », directement à partir de cet appart et ça tombe plutôt bien, puisque j'ai bien l'intention d'entrer dans la Bijouterie Baudry, incognito. Vaut mieux ! (*Il pianote, sur le clavier, led vertes et rouges*). Voilà, c'est fait ! J'ai six minutes 36 secondes pour descendre et rentrer dans la bijouterie, déposer les pierres précieuses, puis ressortir.

Il raccroche le tableau au mur, reprend son sac, et quitte la pièce furtivement. Chloé abandonne sa cachette, passe dans l'entrée, s'assure que l'homme est bien parti.

Chloé. *(En revenant)*. Non, mais je me trompe ou c'est ce con de Messichon, mon ex directeur ! L'enfoiré qui m'a viré le jour de mes cinquante ans ! Il vient lui-même d'être licencié. *(Rire))*. Il veut faire un casse sans risque. *(Rire)*.

Elle reste dans la demi-obscurité et retourne s'asseoir devant son infusion.

Chloé. *(La tasse dans la main).* Je ne vais pas le laisser faire ça. Après ce qu'il m'a fait, il faut qu'il paye... Je vais mettre la panique dans la sécurité.

(Elle repose sa tasse, se précipite vers le tableau mural qu'elle dépend et commence à pianoter à son tour, sur le clavier.)

Chloé. J'ai mal vu. Et si ce n'était pas lui ?

SCÈNE.

Sirènes de la bijouterie, sirènes de police. Chloé, en nuisette, écarte les rideaux.

Chloé. (*En riant*). Des flics ! Des flics et encore des flics ! Ils en arrivent de partout ! Messichon est fait comme un rat ! (*Rire*). Il ne va pas s'en sortir... le con ! (*Elle relâche le rideau, et revient sur ses pas, se jette dans un fauteuil, puis se relève d'un coup*). Merde, pourvu que les flics n'aient pas l'idée de venir fouiller ici... pire de fouiller les caves de l'immeuble....

Elle se rue à la recherche de son téléphone portable qu'elle retrouve sur un des fauteuils.

Chloé. Décroche ! Décroche ! (*À voix basse*). Allô ! Allô, John ! (*Brusquement agacée*). Oui, j'ai vu l'heure. Ne t'énerve pas ! … La police arrive !… Mais non, pas chez toi ! Ici, elle est au pied de l'immeuble … Tu m'écoutes, oui ? Hier, tu as bien viré, les pierres précieuses de la cave des Baudry ? … Mais, si ! Je t'avais dit de les cacher chez Maman ! Elle a Alzheimer, maman ? Just... justement ! Comme ça, même sous la torture, elle ne nous dénoncera pas. En tout cas, il y a du souci à se faire avec toi, mon frère… Pourquoi ? Il me demande pourquoi ! Je squatte un appart, au-dessus de la bijouterie des Baudry, où j'ai travaillé deux ans..., j'ai un casier judiciaire, plutôt gris... quoi ? Bon ! Ok plutôt noir que blanc… (*En haussant le ton*). Eh bien, tu iras expliquer au juge, que depuis que je suis en fin de droits, je me sers moi-même mes indemnités chômages, sur place chez mon ex-employeur. Pauvre zigue ! Frère ou pas, si je tombe, tu tombes aussi !… Tu n'as toujours pas compris, qu'aujourd'hui, ceux qui s'en sortent, ce sont ceux qui se servent ! Regarde les politiques ! Comment ça, la police n'intervient en pleine nuit, que sur un flagrant délit ? À t'entendre, on dirait que tu as fait des études de droit ? De médecine ? *(rire).* La Santé, oui, pas médecine, patate !   (*Elle raccroche*). Ne jamais compter sur la famille

On devine la lumière des gyrophares. Elle retourne jusqu'à la fenêtre, cachée derrière les rideaux, elle observe l'extérieur....

Chloé. Messieurs, les policiers, si vous me voulez, je vous attends !....

Nouveau bruit dans l'entrée.

Chloé. *(Murmure).* Messichon ? Encore lui ? Non ?

Elle se laisse glisser doucement du fauteuil jusqu'à ce que ses fesses touchent le sol, la porte s'ouvre... elle s'enfonce dans le siège, la nuque reposant sur le coussin d'assise... une silhouette. Messichon porte toujours le même sac. Il progresse à pas comptés, tâtonnant autour des meubles... Chloe tente de replier les jambes pour qu'il ne s'entrave pas. Brusquement, changeant d'avis, elle étale les jambes et l'homme s'affale. Aussitôt il se retourne sur le dos et la menace avec une arme.

Clovis. Qui êtes-vous ? *(Toujours au sol).*

Chloé. Je suis chez moi.

Clovis. Ça m'étonnerait.

Chloé. Ce n'est pas à l'occupant de se justifier, mais bien à celui qui entre comme un voleur,

Clovis. Vous m'avez fait peur ! *(Toujours au sol).*

Chloé. Pauvre chou !

Clovis. Cachez-vous !

Chloé. Que je me cache ?

Clovis. Oui, mettez-vous là, entre les sièges ! Sur la moquette ! Là ! À côté de moi ! *(Il lui montre l'espace entre lui et un fauteuil.*

Chloé. *(En s'exécutant).* C'est un peu rapide, vous ne trouvez pas ?

Clovis. Rapide pour ?

Chloé. *(Avec un rire, et agitant le bassin).* Pour s'allonger ensemble !

Clovis. *(Il reste au sol et agite son arme – ton agressif).* Plus un mot !

Chloé. Ça tombe bien, je n'ai rien envie de dire….

Clovis. Alors, justement, la ferme !

Chloé. *(En relevant la tête, lèvres serrées, comme pour lui faire un baiser).* La politesse ? Ce n'est pas votre fort ?

Clovis. Les volets ?

Chloé. Quoi, les volets ?

Clovis. *(En lui posant le canon contre la tempe).* Toujours ouverts ?

Chloé. *(Toujours au sol).* Ça vous dérange ?

Clovis. Fermez-les !

Chloé. *(Elle joue l'indignée).* Ferme ! Fermer ? Fermer les volets ? Fermer la bouche ? Vous voulez tout fermer, vous ?

Expiration longue de la part de **Clovis.**

Chloé. Pas de voyeurs dans le secteur… et puis, s'il y en avait… hé ! Hé !

Clovis.   Quoi ? Hé ! Hé !

Chloé. Eh bien ! Hé ! Hé ! Les voyeurs...

Clovis.   Quels voyeurs ? *(désespéré)*. De quoi, elle me parle ?

Chloé. *(En écarte le canon de l'arme)*. En attendant de me comprendre, votre arme, pourriez-vous l'orienter ailleurs que dans ma direction ?

Clovis. *(Qui ramène l'arme vers elle)*. Non !

Chloé. Si j'étais un homme allongé contre une femme,… une belle femme … Ce n'est pas un canon de pistolet que … je braquerais sur elle.

Clovis.   Oui, bon, ça va ! Nympho !

Chloé. Vous m'en direz tant !

Clovis.   Si un jour, j'ai besoin d'un coach sexuel, ce n'est pas à vous que je ferais appel !

Chloé. *(Elle glousse)*. Qui sait ? Une reconversion ? Belle idée, je suis au chômage.

Clovis. *(Il s'emporte)*. Vraiment, vous ne la fermez jamais ?

Chloé. *(Elle glousse encore)*. Le stress me rend bavarde….

Clovis. Stress ou non, calmez-vous ! Buvez quelque chose... Prenez une cigarette !

Chloé. *(Plaisantant)*. Moi, c'est la pipe… Je préfère.

Clovis. *(Inquiet)*. La pipe ?

Chloé. *(Provocante.)* Oui, parce que si la cigarette, vous extermine votre homme… la pipe, elle vous l'apaise !

Clovis. *(Il observe en silence, très sérieux, puis railleur).* On ne vous a jamais dit que la drogue, c'était de la merde ! *(Il se relève).*

Chloé. Je l'ai entendue sur RTL.

Clovis. Trop subtile pour que vous en ayez eu l'idée ! Bon... Restez où vous êtes ! *(Il avance corps plié en deux, vers la fenêtre, puis en se cachant, il écarte un rideau).* Putain ! Tous les poulets de Bresse et de Navarre sont là !

Chloé. Donc, tout ce tohu-bohu, c'est pour vous ?... Les sirènes ? Les poulets ?

Clovis. *(Il revient silencieux).*

Chloé. *(Elle s'installe sur un siège).* En parlant de poulets ... Je vous préviens, je fais une phobie des plumes....

Clovis. *(Se laissant choir dans un des fauteuils).* Voyez un psy !

Chloé. Vous n'avez pas de phobie, vous ?

Clovis. Si ! La phobie des emmerdeuses !...

Chloé. Allez ! Même pas, une petite phobie... des araignées, des poils... ?

Clovis. Même pas !

Chloé. *(En agitant le pouce pour montrer la rue.)* Des poulets, me semble-t-il ?

Clovis. *(Agressif.)* Je n'ai rien à voir avec la présence de la police dans la rue ....

Chloé. Ah !

Clovis. Quoi : Ah ?

Chloé. Vous préféreriez : B ?

Clovis. Cessez !…

Chloé. D – D !

Clovis. Quoi Dédé ?

Chloé. Vous dites « cessez »… Je dis Dédé !

Clovis. Quoi ? Quel Dédé ?

Chloé. Rien ! Après le B, contentez-vous d'un seul « C ».

Clovis. D'un seul « C »… ?

Chloé. (*Elle vient à son secours*). Je vous ai dit A puis B… et vous me dites C.C…, je vous corrige… normal, non ?

Clovis. Vous me soûlez...

Chloé. Vous n'espérez pas me faire croire que si les flics sont là, au milieu de la nuit, après un déclenchement d'alarme, c'est pour effectuer de simples manœuvres, si ?

Clovis. (*En se frappant le front*). Qu'en savez-vous ?

Chloé. S'ils préparent le défilé du quatorze juillet, ils se sont trompés, de rue et de saison !

Clovis. (*Il retourne l'arme et se retient de la frapper avec la crosse*).

Chloé. (*En effectuant un mouvement d'esquive*). Oh ! Oh ! Oh ! On se calme… Ils sont en répétition ? (*Elle monte sur le fauteuil et déclame*). Ô. Rage, O désespoir, O vieillesse ennemie, n'ai-je donc tant vécu que pour cette infamie, et ne suis-je trempé dans… eh bien oui, comme au théâtre…

Clovis. Je comprends enfin, pourquoi certains hommes deviennent des meurtriers ?

Chloé. (*Sautant sur la moquette*). Et pourquoi ?

Clovis. (*Il la saisit par l'avant-bras et lui remet le canon de son arme contre la tempe*). Vous voulez connaître la réponse ?

Chloé. (*Elle se débat pour lui échapper*). On ne demande qu'à s'instruire, vous savez !

Clovis. Continuez comme ça et la réponse, c'est Saint Pierre, lui-même qui vous la donnera !

Chloé. *(Elle lui échappe)*. Votre braquage a mal tourné, soit ! Mais, pas de quoi devenir un assassin, si ?

Clovis. Braquage ? (*Grave*). Je n'ai fait aucun braquage.

Chloé. (*En feignant la snobinarde*). Ce n'est pas aux vieilles anthropoïdes, que l'on apprend à faire des simagrées !

Clovis. C'est quoi, ce galimatias ?

Chloé. À mon âge, j'en ai assez de me limiter aux phrases toutes faites, style « ce n'est pas aux vieilles guenons que l'on apprend à faire des grimaces ».

Clovis. Dans votre cas, reste à savoir où cesse le vrai visage et où commence la grimace … Comme disait Gide.

Chloé. Quelle perspicacité visuelle !

Clovis. Pas besoin de lumière, pour comprendre que vous n'êtes pas un top-modèle !...

Chloé. Votre agressivité arbitraire, ne m'empêchera pas de vous questionner sur les motivations qui vous ont amenées à forcer la bijouterie d'un patron et politicien notoire.

Clovis. Je ne réponds pas aux inconnues.

Chloé. Ne faites pas l'ignorant, nous nous connaissons...

Clovis. *(Révolté)*. Nous nous connaissons, nous ?

Chloé. *(Elle le singe)*. Nous nous connaissons, nous ! Oui ! ... non ! ... Évidemment ! Un peu, beaucoup....

Clovis. Désolé, votre ombre, votre profil... enfin ... je ne vous connais pas !

Chloé. Et cet appartement, vous ne le connaissiez pas non plus ?

Clovis. *(Il retourne vers la fenêtre)*. Non plus ! *(hésitation.)* Enfin...

Chloé. Enfin quoi ? *(Elle le suit)*.

Clovis. *(Se jetant dans le premier fauteui*l*)*. Ce n'est pas ce que vous croyez !

Chloé. *(Dans un fauteuil face à lui)*. Et qu'est-ce que je crois ?

Clovis. Je ne ... enfin, vous savez mieux que moi, ce que vous croyez, non ?

Chloé. Vous savez, je crois en beaucoup de choses...

Clovis. Eh bien, ne vous mettez pas en tête d'essayer de me les inventorier... ces choses !

Chloé. Précisez-moi juste, s'il est normal de visiter une bijouterie au milieu de la nuit ?

Clovis. *(Railleur)*. Le président de la République, aurait-il instauré, un couvre-feu qui m'en empêche ?... *(Il se relève)*.

Chloé. (*Elle se relève*). Le président, non, pas pour l'instant ! J'ignore si vous l'avez noté, mais la bijouterie était close ! Fermée !

Clovis. Déjà ! Où va la France ?

Chloé. Voudriez-vous me croire qu'un client rendrait visite à son bijoutier en pleine nuit ?

Clovis. (*Il se rapproche de la fenêtre*). Moi, vous faire croire, quoi ?

Chloé. (*Placée derrière lui, elle reste à l'affût de la rue*). Ne cherchez pas à expliquer l'inexplicable.

Clovis. L'inexplicable ?

Chloé. Oui, l'inexplicable ! En plus, pourquoi êtes-vous venu deux fois, dans l'appartement de l'honnête femme que je suis ?...

Clovis. Vous ? Une honnête femme ? *(Il se retourne).* Et puis, arrêtez de me suivre comme une chienne en chaleur devant un maître trop commode.

Chloé. (*Ironique).* Alors ? La bijouterie ? Pourquoi ?

Clovis. Je n'ai rien à expliquer.

Chloé. Vous étiez donc, dans la rue et vous vous êtes dit : « Tiens, si je franchissais le seuil de cette sympathique bijouterie ! »

Clovis. Sympathique ? Elle n'a rien de sympathique, cette bijouterie !

Chloé. Et vous saviez que l'on pouvait désactiver les sécurités, en venant ici dans l'appartement ?

Clovis. Ici ? Dans l'appartement ? Jamais venu !

Chloé. Il est con, ou quoi !*(En se retournant).* Je vous ai vu !

Clovis. *(Affligé).* Beuh !

Chloé. Vache !

Clovis. Quoi vaches ?

Chloé. Quoi Bœufs ?

Clovis. Vous me fatiguez !

Chloé. Avec le stress, avant que l'humour n'atteigne votre cerveau, il faudra des lustres….

Clovis. *(Moqueur, il se force à rire).* Hi ! Hi ! Ah ? C'était de l'humour ? Hi ! Hi ! Madame voulait faire de l'humour...

Chloé. *(Elle se lève d'un coup et fonce vers le tableau qu'elle décroche).* Sûr que vous !

Clovis. Sûr que moi, quoi ?

Chloé. « *Sur que moi, quoi ?* » Quoi ?

Clovis. Hein ? Ce que vous devez savoir, c'est que je ne suis pas rentré dans cette bijouterie pour voler ! C'est clair ?

Chloé. *(Suspicieuse).* Non, c'est Chloé !

Clovis. Elle a bouffé un escadron de comiques ? Arrêtez ! C'est agaçant, franchement !

Chloé. Admettons ! Vous n'avez volé personne ! Expliquez-moi pourtant, ce que vous êtes venu faire ici, si ce n'est pour désactiver la centrale d'alarme située derrière ce tableau ?

Clovis. *(Il inspire).* … Les apparences sont contre moi….

Chloé. Les apparences ? *(moqueuse).* Ah oui, les apparences ! Elles et moi, étions amies !

Clovis. Vous ? Amie avec des apparences ?

Chloé. Ben oui, je les connais les Apparences ! Les apparences, ça vous joue des tours..., vous faites quelque chose sans y prêter garde, et voilà que les apparences, elles, vous tendent des pièges..., c'est pourquoi, il ne faut jamais se fier aux apparences ! Jamais !

Clovis. *(En se dirigeant à nouveau, vers les fenêtres pour observer la rue).* Je suis tombé dans une annexe de l'asile psychiatrique locale... cette femme est folle !

Chloé. *(Elle l'observe de loin).* Folle mais humaine ! Et « cette femme » a souvent négocié avec les apparences... au fait... Au fait, comme je le disais, nous nous connaissons, n'est-ce pas ?

Clovis. *(Il revient).* Manquerait plus que ça !

Chloé. *(Elle éclate de rire, puis elle se penche pour mieux le voir).* Je le savais ! Vous êtes...

Clovis. *(Il la coupe).* Personne ! *(Dépité).* Personne, vous comprenez ? Je ferai mieux de me rendre à la police ! Je deviens fou ! Cette bougresse est contagieuse... *(Pause).* Négocier avec les apparences... ? *(Il hausse les épaules).*

Chloé. Calmez-vous ! La flicaille ne viendra pas ici... enfin, pas immédiatement...

Clovis. *(Il change de fauteuil).* Qu'est-ce que vous en savez ?

Chloé. L'appartement d'un ministre, ça ne se visite pas sans autorisation... *(En faisant mine de s'éloigner vers la cuisine).* Un petit café, Clovis ?

Clovis. Clovis, qui est ce Clovis ?

Chloé. Un enfoiré qui m'a viré de mon travail de femme de ménage...

Clovis. Femme de ménage, vous ?

Chloé. Pourquoi « femme de ménage », vous ?

Clovis. Pour rien ! Au contraire, c'est logique. Vous ne méritiez pas mieux comme fonction !

Chloé. Docteur es ménage !

Clovis. Bac plus sept ? Et vous n'avez rien retrouvé ?

Chloé. Au moins, le ministre du travail ne m'accusera pas d'avoir refusé la reconversion professionnelle.

Clovis. *(Ironique).* Vous êtes une sainte ?

Chloé. Eh oui ! Une Sainte que vous avez virée !

Clovis. Je comprends celui qui a pris cette décision !

Chloé. Mon abnégation aurait mérité une belle récompense !

Clovis. Arrêtez de me parler comme si j'étais le pape en personne !

Chloé. Vous préférez le patois. Lou coquiniou ! Oque te moade à tchi?

Clovis. Ce qui veut dire !

Chloé. Rien ! Enfin je ne souviens pas... Nous parlions de récompenses que j'aurais méritées.

Clovis. Récompenses ? Parce que vous vous êtes fait laver le cerveau, jusqu'à vingt-cinq ans à la fac. Et puis quoi encore ? *(Il la braque avec son arme).*

Chloé. À l'époque où l'on donne la légion d'honneur pour un pet de travers... tenir dix ans, sans emploi... devrait être récompensé.

Clovis. (*Qui la coupe*). Vous voulez la légion d'honneur ?

Chloé. Elle compléterait avantageusement, mon CV, non ? Baudry étant en vacances, vous n'auriez pas un ministre ou une femme de ministre dans votre entourage ?

Clovis. Bac plus sept, pour énoncer des conneries pareilles ?

Chloé. C'est vrai qu'il faut appartenir au gratin social pour espérer être mis en relation avec les ministres... il vaut mieux être milliardaire et porter un nom à particule et là, la médaille, vous l'obtenez sans avoir à la réclamer...

Clovis. Ok pour la médaille… Ce sera une... médaille en chocolat !

Chloé. La médaille des sans-emploi...

Clovis. Vous êtes sans-emploi ?

Chloé. Vous comprenez rudement vite, vous ? *(railleuse)*.

Clovis. Donc, vous êtes sans emploi !

Chloé. Non, ce sont les emplois qui sont sans-moi.

Clovis. Vous avez l'esprit compliqué, avouez !

Chloé. (*En colère*). C'est avoir l'esprit compliqué selon vous, que de constater que la France se prive de la compétence de 70 % de ces quinquas...? C'est avoir l'esprit compliqué que de constater qu'en France, on passe à la trappe le savoir-faire de centaines d'hommes et de femmes !

Clovis. Oh là ! Calmez-vous… je ne suis pas venu pour me retrouver dans l'ambiance de l'assemblée nationale !

Chloé. Pas besoin d'être député ou ministre pour comprendre qu'au moment où l'on repousse l'âge du départ en retraite, il est inadmissible qu'il y ait trois quinquas sur quatre sans emploi. (*Elle lui donne de petits coups de poing contre la poitrine et le force à reculer*). Vous trouvez ça logique vous ? Alors ce café ?

Clovis. Je ne bois pas de café !

Chloé. Allez, je m'en fais un...

Clovis. (*Il se dresse et l'agrippe*). Pas question que vous quittiez la pièce !

Chloé. Vous vous calmez, oui ! Vous n'avez qu'à me suivre... si vous n'avez pas confiance...

Ils sortent.

SCÈNE.

Clovis semble assoupi sur le canapé. Chloé entre avec un plateau, sur lequel elle a placé deux tasses. Chloé en profite pour retirer l'arme qu'il porte enfoncée dans sa ceinture. Elle la cache sous les coussins du canapé.

Chloé. *(En le secouant)*. Oh cloooooooooovis !

Clovis. *(Endormi, il lève la tête)*. Ouais quoi ? (*il se rendort aussitôt*).

Chloé. Merde ! Flics !

Clovis se relève d'un coup, il court et plonge derrière le canapé.

Chloé. Vous n'allez pas dormir, quand même ?... (*En déposant son plateau sur la table basse*). Vous croyez que je vais monter la garde seule, Clovis ? *(elle rit)*. Revenez ! *(en le servant)*. Buvez-moi ça.

Clovis. Je ne bois jamais de café !

Chloé. Qu'est-ce qu'il me fait celui-là ? Chochotte ! *(En lui tendant le sucrier)*. Du sucre ?

Clovis. (*Il se sert et commence à remuer*). Charles Baudry vous a embauchée ?

Chloé. *(En soufflant la surface du son café).* J'ai réquisitionné, son appartement.

Clovis. Aaaah, c'est chaud ! *(il repose la tasse et agite les doigts pour les refroidir).* Réquisitionné ?

Chloé. Oui, réquisitionné ! Du verbe « réquisitionner », signifiant faire des réquisitions. C'est un verbe que vous pouvez employer activement aussi. En anglais, « to requisition »....

Clovis. Stop ! *(un instant, il cherche son arme).* Non, mais vous croyez que je suis venu ici, pour prendre le café, faire causette et subir un cours d'anglais.

Chloé. Vous espérez réaliser autre chose.

Clovis. Vous avez été embauchée par Charles Baudry pour surv… ?

CHLOÉ. Clovis ! Je viens de vous le dire ! J'ai réquisitionné cet appartement de riche, appartement de 200 mètres carrés, qui reste vide six mois par an, pendant que le propriétaire, Ministre de la France et sa famille font bronzette sur une des côtes d'Amérique latine.

Clovis. Jamais sérieuse ! Jamais ! *(Désespéré).*

Chloé. Des appartements vides, il y en a assez pour loger tous les sans-abri !

Clovis. Si vous le dites !

Chloé. L'hiver Charles est en Amérique du Sud... eh bien moi désormais, j'habiterai ici.

Clovis. Non, mais vous vous croyez où ? En territoire conquis ou quoi ?

Chloé. Je ne crois qu'à une chose, c'est qu'il y a des milliers de sans-abri, alors qu'il y a des appartements comme celui-ci qui restent vides en permanence. Et je ne vous ai pas tout dit.

Clovis. J'en sais assez !

Chloé. Précisons que, lorsque Charles sera ici, moi, je prendrais possession de son yacht, vide qui est ancré à St trop !

Clovis. À Saint Trompez, vous ? Vous avez tout d'une clocharde !

Chloé. D'abord, c'est faux, les habits que je porte, sont ceux de Madame Baudry... et d'autre part, vous savez qu'il y a des milliers de yachts vides amarrés dans les ports.

Clovis. Vous êtes rigolote, vous ! Vous savez aussi, qu'il y a des milliers de voitures qui dorment dans des garages, lorsque leurs propriétaires n'en ont pas besoin.

Chloé. Vous voulez habiter dans une voiture, vous ?

Clovis. Pourquoi, est-ce que j'irais habiter dans ma voiture, alors que je possède mon appartement à la campagne, plus ma résidence principale à Paris...

Chloé. Puisque vous m'en donnez l'occasion, je voulais vous annoncer... vous informer qu'il y a des gens qui vivent dans leurs voitures, été comme hiver !

Clovis. Mais quelle idée ! Comment voulez-vous que l'on s'en sorte ? Il y en a toujours pour faire ce que le commun des mortels refuserait de faire.

Chloé. Non, je ne crois pas. Vous le faites exprès ou quoi ? Vous savez qu'il y a des gens qui vivent à la rue ?

Clovis. On les appelle les clochards !

Chloé. Ce n'est pas un choix de leur part ! Eh non !

Clovis. De là, à vouloir les installer n'importe où, il y a un monde.

Chloé. C'est pourquoi je préconise que ces gens habitent dans les yachts qui restent dans les ports, ou pour faire simple, lorsque ces gens-là habitent dans leur résidence secondaire ou ailleurs… parce que des ailleurs, ça ne manque pas pour eux.

Clovis. Vous ne voulez pas aussi que l'on improvise une grande communauté, où l'on vivrait tous ensemble…

Chloé. Si, ce serait pas mal ! On vivrait tous nus, et on mettrait les cons sur la place publique et je pense que vous y auriez la place centrale.

Clovis. Merci pour les insultes, elles sont gratuites… vous espérez quoi au juste.

Chloé. Insultes gratuites ? Pourquoi s'en priver ? (Glousse). J'espère quoi ??? Puisque le système, refuse de m'utiliser et de profiter de mes compétences, et bien moi, je me sers dans le système !

Clovis. Cherchez du travail oui ! … Vous voulez obtenir ce que la société ne possède pas !

Chloé. Les riches n'ont jamais été aussi riches ! Alors, moi, je m'indemnise. Je force mon prochain à partager !

Clovis. (*Moqueur*). Elle force son prochain à partager ?

Chloé. Je vole mon pain à la sueur de mon front !

Clovis. Arrêtez ! Je vous l'ai déjà dit ! La drogue, c'est de la merde ! Arrêtez d'en prendre, vous direz moins de conneries.

Chloé. Je n'ai jamais pris de drogue, de ma vie, moi !

Clovis. Alors c'est que vous avez le cerveau qui s'oxyde ! Les neurones qui s'entrechoquent !

Chloé. Vous ne me ferez pas taire ! Je me ravitaille dans la marmite de l'ingratitude citoyenne ! Je cotise à la caisse de retraite des clochards...

Clovis. Vous comptez vivre aux crochets de ceux qui ont, grâce à leurs talents, à leurs efforts, pu créer des biens, des richesses, c'est ça ?

CHLOÉ. Ouah ! Des richesses ? Tellement de richesses que certains d'entre eux pourraient, sans se ruiner, nourrir tous les affamés de la planète !

Clovis. Vous, les pauvres, auriez-vous le monopole du cœur !

Chloé. Pauvre par obligation et non par choix ! (*À la Thierry le Luron, elle fait claquer la langue*).

Clovis. La richesse, la réussite, ne sont pas des tares !

Chloé. Vous prêchez pour votre chapelle.

Clovis. Ma chapelle ?

Chloé. La chapelle de la communauté des ploutocrates ! Plus je suis riche, plus j'ai d'influence et plus je me rapproche des hautes sphères régaliennes.

Clovis. Vous parlez sans savoir !

Chloé. Sans savoir, peut-être ! Mais si vous voulez intéresser les riches, il faut que vous soyez riches ! Sinon, n'essayez pas ! Ne comptez pas sur un riche pour être aidé, les riches ne s'aident et ne se prêtent qu'entre eux !

Elle s'installe sur le canapé, les jambes tendues et commence à faire des mouvements circulaires jambes tendues.

Chloé. La police est là pour vous, non ? Vous n'allez pas continuer à nier que c'est vous qui pianotiez dans la centrale d'alarme comme un voyou des mauvais quartiers.

Clovis. Ne me comparez pas avec cette racaille ?

Chloé. Vous avez peur du Karcher ?

Clovis. Arrêtons de déformer les propos de nos prestigieux hommes politiques !

Chloé. Finalement, si je résume nos propos, vous avez raison, on est plus ou moins malhonnête selon que l'on est riche ou pauvre ! Et puis, tiens, puisque vous n'avez rien à vous reprocher, je me jette sur le premier fourgon de police garé sous les fenêtres...

(Chloé court vers la fenêtre, l'ouvre et les bras écartés),

Chloé. Au secours ! Au secours !

Clovis la rattrape – ils luttent. ..Elle finit par se libérer. Elle s'installe dans un fauteuil et change de fauteuil chaque fois qu'il s'approche d'elle. !

Chloé. Restez là-bas ! *(en lui montrant un autre siège).* Vous avez la chance de faire partie des nantis !

Clovis. Je viens d'être licencié, vous parlez d'une chance !

Chloé. Triste pour vous peut-être, mais bonheur pour ceux que vous dirigiez. En tout cas, ceci n'explique pas ce que vous vouliez faire dans la bijouterie.

Clovis. La chance m'a souri, au casino.

Chloé. L'argent appelle l'argent ! Il n'y a de la chance que pour la vermine !

Clovis. Inutile de m'insulter. Bon ! Voilà ! Par honnêteté, j'ai décidé d'accomplir un geste en faveur de mon ex-employeur....

Chloé. Ouais, c'est ça ! Non, mais vous me prenez vraiment pour une demeurée ?

Clovis. Je suis sincère !

Chloé. Et moi, je ponds un oeuf, chaque fois que le clocher du village sonne !

Clovis. Alors soit, j'ai tous les défauts, entre autres, ceux d'être à la fois riche et malhonnête.

Chloé. Des riches qui sont honnêtes, vous en connaissez, vous ?

Clovis. Oui, j'en connais.

Chloé. Pas moi. La force des riches, c'est de pouvoir être malhonnêtes, sans que cela se voie !

Clovis. Je vous suis de moins en moins !

(*Elle s'allonge au sol pour réaliser des exercices abdominaux*).

Chloé. En attendant de me suivre, tenez-moi les pieds... (*Elle amorce un mouvement du bassin, mais le suspend aussitôt*). Et ne cherchez pas à me faire croire que vous avez forcé cette bijouterie pour y déposer un don, comme un chien dépose une crotte sur un trottoir ?

Clovis. Croyez ce que vous voulez !

Chloé. Non, mais attendez, qui pourrait vous croire ?

Clovis. Je ne demande à personne de me croire !

Chloé. J'imagine votre avocat au tribunal. Monsieur, le juge, voilà, Clovis, mon client est un anti-voleur !

Clovis. Un anti-voleur ?

Chloé. Monsieur le président, mon client, force les bijouteries pour y déposer ce que le commun des gangsters volerait. Clovis, vous n'êtes pas sérieux ! Arrêtez, il y a assez d'hommes politiques qui cherchent à nous faire avaler des couleuvres !

Clovis. Il n'y a pas d'autres explications.

Chloé. Pauvre zigue ! Pensez à tous les pauvres qui pourraient avoir la tentation de fracturer des boutiques et qui ne le font pas ! Pensez aux clochards qui n'ont que de vulgaires cartons pour se tenir au chaud...

Clovis. Mon intention... enfin, Je... ça n'a rien à voir avec les clochards !

Chloé. Je me doute que vous ayez des sujets plus importants à traiter, que le sujet des clochards !

Clovis. C'est un sujet comme un autre !

CHLOÉ. (*En se relevant*). Comme un autre ? Non, c'est là, que vous vous trompez.... « Parlez des clochards », ce n'est pas un sujet comme un autre ! Au mot clochard, on peut y adjoindre un verbe, c'est le verbe souffrir ! Les clodos sont des êtres qui souffrent... et pas juste des épouvantails placés le long des rues pour que vous accélériez le pas sans observer les vitrines....

Clovis. Héroïne, cocaïne, alcool ? C'est vraiment de la merde ! Arrêtez d'en prendre !

CHLOÉ. Ne changeons pas de sujet ! Revenons aux clodos ! Eh bien les clodos … plus il y en a, et plus le gouvernement se frotte les mains.

Clovis. Les mains ?

CHLOÉ. Oui ! Plus il est satisfait !

Clovis. Vous êtes en plein délire psychotique !

Chloé. Trop facile ! Un clodo ne prend jamais de retraite, jamais ! Donc plus il y en a, et moins il y a de retraites à payer... *(Elle fait tourner l'index devant sa tempe).* Comprendo ?

Clovis. *(En agitant les mains pour donner de l'importance à ses propos).* Enfin … avant ….

Chloé. Précisons que ces pauvres clochards font aussi faire des économies à la sécu !

Clovis. Où en est la police ? *(il s'approche de la fenêtre).* Finalement, c'est moi qui vais sauter !

Chloé. Ne comptez pas sur moi pour vous retenir !

Clovis. Je vous écoute... *(À distance, il observe à travers les rideaux).*

Chloé. Eh oui ! Quand les clochards sont hospitalisés, vous pouvez les mettre dans n'importe quel couloir et pour eux, ça devient un « cinq étoiles » et comme généralement ils meurent très vite, ça permet à d'autres clochards de prendre leur place !

Clovis. J'en ai assez entendu ! Les clochards, ce sont des graines de feignants, des sangsues justes capables de profiter de la société. Allez ! Il me faut un moyen pour sortir d'ici... mon arme ?

Chloé. Prenez-moi en otage, alors !

Clovis. Pas question de retenir qui que ce soit en otage !

Chloé. *(Elle fait une moue).* Alors sortir va être difficile. …. les policiers sont nombreux. Je ne sais pas ce que vous leur avez fait, mais ils sont sur les dents, ils semblent même sur les crocs... et un poulet sur les dents, ça surprend. Et puis, on dirait qu'ils sont venue avec des chiens !

Clovis. Du poivre.

Chloé. Du poivre ?

Clovis. Vite donnez-moi du poivre !

Chloé. Je ne sais pas s'il y a du poivre ici....

Clovis. Du poivre bon dieu !

Chloé. Bon Dieu ? Je ne suis qu'une petite sainte ! Qui, comme vous l'avez fait remarquer, n'est pas chez elle et qui ignore où se trouve le poivre...

(Paniqué, il court vers la fenêtre, elle observe la rue et revient).

Clovis. Où est mon arme ?

Chloé. Votre arme ?

Clovis. Oui, mon arme !

Chloé. Vous aviez une arme ?

Clovis. Vous le savez bien.

CHLOÉ. (*Elle effectue des mimiques*). Non !

Clovis commence à fouiller sous les sièges.

Clovis. *(En le retrouvant).* Vous n'en avez pas marre ?

Chloé. Marre de vous ? Un peu !

Clovis. De vos gamineries ?

CHLOÉ. Ok, l'histoire des chiens, c'est une invention ! Cela dit, vous ne me faites pas peur ! Et si, moi, je n'ai pas d'arme, je peux crier et ameuter tout le quartier !

Clovis. Essayez pour voir !

Chloé. *Vous* me mettez au défi, Cloooovis !

Clovis. Arrêtez de m'appeler Clovis ! Est-ce que j'ai une tête à m'appeler Clovis ?...

Chloé. Oui !

Clovis. Le seul Clovis que je connais, était le Clovis Premier, Roi des Francs.

Chloé. J'avais déjà compris que vous n'étiez plus très jeune... mais à ce point !...

Clovis. *(Il l'attrape par le bras, la secoue, la titille avec son arme).* C'est fini, oui ?

Chloé. *(Elle rit).* Oh, c'est qu'il est *taquin ! (puis très sérieux).* La violence et la peur, ce sont les deux armes des impuissants....

Clovis. Des impuissants ? Oui, bien sûr ! *(Dans un souffle).* Vous êtes vraiment une pauvre fille.

Chloé. À votre âge, on peut comprendre.

Clovis. Comprendre quoi ?

Chloé. Que pour défourailler face à une femme, vous ayez besoin d'un instrument ?

Clovis. Défourailler ? La police est partout, et elle me parle de défourailler ! Défourailler ?

Chloé. Une arme peut révéler des états de rigidité et de dureté, qu'un homme de votre âge, aura des difficultés à ... atteindre !

Clovis. Des états de rigidité et de dureté ? *(exaspéré).* De quoi parlez-vous ?

Chloé. De symbolique, cher **Clovis.**

Clovis. De symbolique ? Ça la reprend ! Elle est foldingue !

Chloé. Vous ? Impuissant ?

Clovis. Moi ? Comment moi ? Impuissant ? Comment impuissant ? Qu'est-ce que cette question vient faire ici ? ? Mais… que… je… Impuissant ? Moi ?

Chloé. Oui, vous ! Vous êtes venu accompagner ? ....

Clovis. De quoi, je m'occupe ?

Chloé. J'essaie de vous comprendre.

Clovis. De me comprendre ? En me suspectant d'impuissance ? Est-ce que je vous demande si vous êtes frigide, vous ?

Chloé. Je ne le suis pas … Cloooooooooovis !

Clovis. (Il *veut l'insulter*). Ménopausée !

Chloé. Le cap de la ménopause, cher Clovis, c'est la liberté….

Clovis. La Liberté ? Vous n'avez pas compris que nous étions en danger et que d'une seconde à l'autre, la police pouvait entrer ici ? Liberté ? Elle parle de liberté ! N'importe quoi !

Chloé. Chacun baise en tremblant la main qui nous enchaîne. Je précise que c'est du Voltaire !

Clovis. Laissez Voltaire, tranquille…

Chloé. Vous préférez que nous restions à nous regarder comme deux chiens de faïence, en attendant que la police renonce ?

Clovis. Je veux me concentrer, réfléchir. Être tranquille ! Voilà ! L'esprit tranquille !

Chloé. Pas de souci ! Moi, j'ai la conscience peinarde, placide, tranquillette ! Alors la police...

Clovis. Eh bien, pas moi ! L'idée que je risque d'être arrêté, alors que je voulais agir de façon honnête me perturbe !

Chloé. Chochotte ! Et alors ! On voit que vous n'avez jamais vécu sous les ponts, avec pour seul abri des cartons dérobés dans les supermarchés. Que croyez-vous Clovis ?

Clovis. Arrêtez de me prendre la tête avec vos discussions de concierges !

Chloé. Justement ! Où en étions-nous ? ... ah oui... je disais la ménopause, c'est la liberté...! En 68, c'était « vive la pilule ! » aujourd'hui, c'est « vive la ménopause ! »...

Clovis. *(Il retourne à la fenêtre).* Adepte de la régulation des naissances ?

Chloé. Pourquoi ? Qu'est-ce que ça peut vous faire ? Je devrais ?

Clovis. *(De loin).* Selon vous, je suis venu pour parler de 68, de ménopause et de contraception ?

Chloé. (*Railleuse, à la manière de Ségolène Royal.*) Alors, pourquoi, êtes-vous là, Cloooovis ?

Clovis. En tout cas, pas pour me laisser empoisonner pour une ex-femme de ménage...

Chloé. Clovis Messichon...

Clovis. Je ne connais pas !

Chloé. Moi, je connais bien... puisque c'est vous, Clovis Messichon, qui m'avez virée de mon poste de femme de ménage….

Clovis. Au cas, où vous ne l'auriez pas remarqué, il y a deux cents policiers dans la rue….

Chloé. Vous les avez comptés ?

Clovis. Non ! Mais ils sont quand même dans la rue.

Chloé. C'est bien vous qui m'avez licenciée ?

Clovis. Pas question de répondre aux demandes d'une nymphomane !

Chloé. Ah ! (*elle réfléchit à ce qu'elle va dire*). Moi ? Nymphomane ? Avec plaisir … si vous me présentez Brad Pitt, Georges Clooney, Hugues Grant et autres Jude Law….

Clovis. Au mieux vous pourriez séduire quelques camionneurs en manque de femelles !

Chloé. (*Elle lui donne une gifle*). J'acceptais la notion de nymphomane, mais pas question de passer pour une pute ! Et puis, asseyez-vous, j'en ai assez de vous voir faire des allers-retours !

Clovis. (*Il s'assoit en se tenant la joue*). Oh, pas de violence !

Chloé. Que les choses soient claires, je n'ai aimé qu'un seul homme et si vous, Clovis Messichon, ne m'aviez pas virée, je partagerais encore son lit.

Clovis. (*En haussant le ton*). Je ne suis en rien responsable de vos difficultés de couple !

Chloé. J'affirme que si !

Clovis. Non, mais, n'importe quoi ! Au lieu de dire n'importe quoi, posez-vous la question ! Est-ce que mon mari m'aimait réellement ?

Chloé. Mon mari ? Il me vénérait, Monsieur ! Mon mari ? Il m'adorait…

Clovis. Tellement, qu'il vous a larguée, mais avouez que l'on peut le comprendre… Une heure avec vous, et on est bon pour la camisole.

Chloé. Bon, d'accord, mon mari m'a quittée pour deux pétasses de vingt cinq ans !

Clovis. Non, comment !

Chloé. Ça devrait se plaider devant les prud'hommes ! S'il y avait encore une justice de ce pays ?

Clovis. Votre histoire avec votre mari n'a rien à voir avec la justice ?

Chloé. On se lamente, sur les licenciements, mais on en oublie, les conséquences…

Clovis. Les conséquences ?

Chloé. Le départ de mon mari après mon licenciement fait partie des dégâts latéraux ?

Clovis. Des dégâts latéraux ?

Chloé. Oui, les divorces, la ruine des foyers, les enfants qui se retrouvent à la DASS, les dettes que l'on ne peut plus payer, les expulsions… j'appelle ça, les dégâts latéraux !

Clovis. J'ai l'impression d'entendre un pilote de chasse en pleine guerre d'Irak ?

Chloé. Je ne vois pas le rapport !

Clovis. Moi si !

Chloé. Tant mieux ! Enfin… Posez-vous cette simple question : Combien de femmes ou d'hommes en fin de droits sont abandonnés par leurs conjoints ? Combien se retrouvent à la rue ?

Clovis. Pour une femme en fin de droits, vous n'êtes pas très malheureuse. Et quel culot que de squatter ce splendide appartement !

Chloé. C'est mieux que l'asile de nuit !…

Clovis. À une personne comme vous, je ne préconise pas l'asile de nuit.

Chloé. Ah bon !

Clovis. Je vous préconise l'asile d'aliénés !

Chloé. Ils sont nombreux les clochards qui accepteraient d'y vivre, dans votre asile.

Clovis. D'y vivre ?

Chloé. Ils y trouveraient un toit et une soupe chaude... Au moins !

Clovis. Au moins ?

Chloé. "Au plus", ça ne voudrait rien dire, ici....

Clovis. Parce qu'ailleurs, ça voudrait dire quelque chose.

Chloé. Oui, bon ! Vous ! Écoutez, si vous croyez que vous pouvez débarquer chez les gens comme ça, au milieu de la nuit, pour essayer de faire de l'humour, vous vous trompez...

Clovis. Je me répète, mais vous n'êtes pas chez vous !

Chloé. (*Elle le regarde fixement de travers*). Maintenant, ça suffit ! Je vous dire... vous savez ce qu'il faudrait... ?

Clovis. (*Qui la coupe*). Je préfère ne pas savoir !

Chloé. Écoutez ! Comme il existe des écoles, il devrait exister des foyers suffisamment nombreux et grands pour accueillir et nourrir ceux qui sont dans la souffrance et qui ont besoin d'aide.

Clovis. Vous n'avez pas le profil de Sœur Emmanuel !

Chloé. Qu'on ne me parle plus de la charité des hommes.

Clovis. Pourquoi ?

Chloé. Le Vatican, c'est le coeur de l'altruisme, non ? Enfin cela devrait être... Je suis allée frapper à la porte du Vatican, mais sa Sainteté refuse d'ouvrir ses portes, aux pauvres...

Clovis. Essayez le Palais de Versailles !

Chloé. Clovis, facile d'ironiser, un bourge comme vous, ne peut pas savoir de quoi, je parle !

Clovis. Un bourge comme moi, un jour ou l'autre, sera en fin de droits, lui aussi !

Chloé. Fin de droits ou non, vous êtes un bourge, un nanti, un pote aux riches... Fin de droits ou non, vous ignorez tout de la pauvreté, de la précarité, de la faim, de la soif, de l'indifférence...

Clovis. J'aurais pu être à la rue, vous savez !

Chloé. J'aurais … j'aurais ! Moi, j'aurais pu être richissime, vous savez ? Vous êtes vous réellement demandé ce que signifiait la pauvreté à notre époque ? Vous l'êtes-vous posée, cette question ?

Clovis. Mes parents étaient de simples métayers... nous habitions…

Chloé. *(Qui le coupe).* … dans une cabane en planches, au fond d'une forêt et vous vous nourrissiez dans la décharge municipale, clooooooooovis ? Soyez sérieux !

Clovis. N'exagérons pas, nous ne sommes plus au XVIIIe siècle...

Chloé. *(Elle s'emporte).* Vous savez que la misère ne concerne pas seulement ceux que vous voyez faire la mendicité. Hier, à quatre-vingts ans, ma mère prétendument exonérée d'impôts a reçu 507 euros d'impôts fonciers à payer... Avec huit cents euros de pension, elle va les prendre où, ces cinq cents euros ? Dans la poche d'un nanti ? Dans la poche d'un député ? Dans votre poche...?

Clovis. Dans ma poche, elle ne trouverait pas grand-chose, croyez-moi ! Et ce n'est pas votre emportement qui fera avancer la situation économique de la France.

Chloé. Vous vous abritez derrière de belles phrases toutes faites, dont on vous a abreuvé à la fac ou dans les écoles de commerce. Encore une façon de garder ses distances avec la réalité de la vie … le malheur est partout ! Ouvrez les yeux ! Mais ouvrez les yeux …

Clovis. Je ne suis pas venu pour débattre avec une femme de ménage !

Chloé. Vous voulez la paix ?

Clovis. *(Mièvre).* Comment ça, la paix ?

Chloé. La paix ? Vous ne connaissez pas ? J'aurais dû m'en douter... la paix ? Le contraire de la guerre….

Clovis. La guerre ?

Chloé. Oui, la guerre !

Clovis. Vous n'arrêtez jamais ?

Chloé. À qui la faute ? Je vous dis « la paix » et vous me répétez « la paix », comme si vous n'aviez jamais entendu le mot paix... après je parle de la guerre et là idem... vous répétez, la guerre ? La guerre ? Boum boum... 14/18 … 39/45, la guerre quoi ! Vous savez ce que c'est, ou bien, vous avez un vrai problème avec le vocabulaire français... ? *(Elle fonce vers la bibliothèque).* Je vais vous trouver...

... un dictionnaire... Mince, je n'y vois rien…

Clovis. Laissez tomber, les dictionnaires... Je m'en fiche des dictionnaires, je hais les dictionnaires ! Je n'ai jamais ouvert un dictionnaire de ma vie, et je n'ouvrirai jamais de dictionnaire !

Chloé. (*Bibliothèque devant elle, main sur l'interrupteur*). J'ai besoin d'y voir. J'allume ?

Clovis. Vous n'allumerez rien du tout !

Chloé. (*En sautant sur place et en gesticulant*). Que vous le vouliez ou non, je suis chez moi, et chez moi, je fais ce que je veux…

Clovis. Vous êtes chez Charles Baudry !

Chloé. Lorsque Charles est absent, je suis chez moi et je n'en dirai, ni n'en ferai pas plus, car nous ne sommes pas assez intimes… Clovis Messichon ! (***Elle allume***). Vous avez vu « Gazon maudit » ? Clovis Messichon !

Clovis. « Gazon maudit » ? Avec Balasko et Chabat ?… quel rapport ?

Chloé. Aucun ! (*Elle l'observe en inclinant la tête tantôt à droite tantôt à gauche*). Vous avez pris un coup de vieux… Clovis Messichon ! Vous vous êtes ridé ! À mon avis, chacune de vos rides correspond à un licenciement. Eh bien, vous avez dû en virer du monde ?

Clovis. Éteignez ! Je ne suis pas ce Clovis Messichon.

Comme elle n'éteint pas, Clovis se précipite et éteint….

Chloé. (*En rallumant*). Si vous n'êtes pas Clovis Messichon, c'est que je suis la femme de Benoît XVI.

Clovis. (*En éteignant*). Non, c'est fini, oui ?

Chloé. *(Elle rallume).* C'est rigolo, vous allumez, j'éteins, vous allumez, j'éteins ! La police pourrait trouver ça, intrigant.

Clovis. Si vous croyez que je ne devine pas à quoi vous voulez en venir ! *(Il la bouscule pour l'éloigner de l'interrupteur.).*

Chloé. Oh ! Pas de violence ! On se calme. Bon ! N'oubliez pas qu'à cause de vous, je me retrouve en fin de droits ?….

Clovis. Vous n'avez pas l'air très malheureuse….

Chloé. Je me suis organisée, Clovis Messichon ! *(Elle fait un geste avec la main, comme si elle puisait à travers le plancher).* Nous vivons dans une société qui s'organise dans l'intérêt des plus riches... Clovis Messichon ! Alors, nous, les plus pauvres, pour survivre, il faut que nous nous organisions...

Clovis. Arrêtez de m'appeler Messichon…

Chloé. Vous refusez de me reconnaître ?

Clovis. Vous avez passé l'âge d'être reconnue !

Chloé. Vous refusez de reconnaître la femme de ménage que vous avez employée, puis virée.

Clovis. *(Il éteint).* Refuser de vous reconnaître ? Pourquoi ? Puisque je ne vous connais pas !

Chloé. Chloé Deslys… *(Elle fait tourner son index devant son front).* Chloé Deslys ! Ça vous revient ? La petite emmerdeuse que vous avez virée parce qu'elle critiquait votre façon de gérer… la petite emmerdeuse, dont vous pelotiez maladroitement le postérieur.

Clovis. Je n'y peux rien si les zones de circulation étaient étroites dans le magasin !

Chloé. Tu parles ! *(sarcastique).* Je suis restée digne lorsque j'ai appris votre propre licenciement…

Clovis. Ah ?

Chloé. J'ai juste ouvert le champagne ! Allumons !

Clovis. Non !

Chloé. En voyant la lumière, la police pensera que nous venons de **nous** réveiller….

Clovis. Nous ? Ne m'associez pas à votre personne, s'il vous plaît, on ne mélange pas les torchons et les serviettes !

Chloé. Je parlais du couple que les policiers verront derrière les rideaux….

Clovis. Un couple ? Vous et moi ?

Chloé. Ouais ! On appelle couple, ce qui marche par deux… un couple de moineaux, un couple de chiens, un couple d'hirondelles, un couple de lapins….

Clovis. Vous avez l'intention de m'inventorier l'arche de Noé ?

Chloé. *(Elle prend volontairement un ton condescendant).* Vous vous offusquiez de l'emploi que j'avais fait du mot « couple »… alors je donne des exemples !

Clovis. *(Il se prend la tête entre les mains).* « Deux coqs vivaient en paix ; une poule survint, et voilà la guerre allumée ».

Chloé. Pardon, à monsieur de la Fontaine, moi, j'aurais dit, une poule vivait en paix, un coq survint et voilà les ennuis garantis ! Car la police a suivi, la police est ici, autour du logis, répartie !

Clovis. Après tout, allez-y ! Dénoncez-moi ! …

Chloé. Cela me ferait plaisir de vous voir les menottes aux poignets, Clovis Messichon ! Et ça me ferait encore plaisir d'imaginer que

vous avez pu être assez bête pour aller déposer « je ne sais quoi »
chez votre ancien patron ! C'est tellement incroyable ! Enfin ! Je suis
morte de rire !

Clovis. Au lieu de vous moquer de moi, qu'attendez-vous pour me
dénoncer, alors ?

Chloé. Eh bien, soit. (*Elle saisit le combiné téléphonique*).

Clovis.   Lâchez, ce téléphone !   (*Il la menace avec son arme*).

SCÈNE.

Clovis est derrière les rideaux, il surveille la rue. Chloé a installé un ordinateur portable sur la table de salon.

Clovis. *(En revenant).* Tous ces flicaillons ! Qu'est-ce qu'ils attendent ?

Chloé. *(Les yeux fixés sur son ordinateur).* Que vous sortiez, cher **Clovis**...

Clovis. Ils peuvent attendre longtemps...

Chloé. *(Levant les yeux vers Clovis).* Au fait, votre butin, où l'avez-vous caché ?

Clovis. Mon butin ?

Chloé. *(Il se donne un ton maniéré).* Cette fois-ci, je suis convaincue que vous avez une séquence d'ADN, commune avec les perroquets.

Clovis. *(En hochant la tête indignée).* Une séquence d'ADN, commune avec les perroquets ?

Chloé. Renseignez-vous, un de vos parents a dû convoler avec un de ces volatiles... ? Alors, en attendant, le butin ? Votre butin ?

Clovis. Si vous parlez de la sacoche que j'avais en entrant ici, sachez qu'elle est derrière un des fauteuils et que ce qu'elle contient, ne vous concerne en rien. D'ailleurs, permettez-moi de m'étonner qu'une pauvre femme en fin de droits et à la rue possédât un ordinateur portable.

Chloé. Possédât ?

Clovis. Oui, possédât.

Chloé. *(Exagérément snobinarde).* Étonnez-vous ! Pour vous rassurer, je préciserai qu'il ne s'agit pas de mon ordinateur, mais d'un emprunt que j'ai effectué en cherchant dans les affaires de Charles Baudry.

Clovis. De Charles ? Encore ?

Chloé. Oui, votre ex-président directeur général, Ministre de la France et propriétaire de toutes les entreprises Baudry ainsi que de la bijouterie dont vous étiez le directeur et moi la femme de ménage.

Clovis. Je...

Chloé. Pas de panique ! Il ne le réclamera pas, il rentrera dans quatre mois.

Clovis. *(Indigné).* Vous avez un toupet monstre !

Chloé. Avez-vous votre numéro de compte bancaire ?

Clovis. Compte bancaire ?

Chloé. Il ne peut pas s'empêcher de répéter... Vous avez bouffé un ara ?

Clovis. Un ara ?

Chloé. Il continue ! Si vous avez bouffé un Ara tant mieux !

Clovis. Tant mieux ?

Chloé. Vous, vous aurez au moins fait un repas, ce n'est pas le cas de tout le monde !

Clovis. Après une nuit passée, ensemble... la voilà qui me fait une conférence sur les perroquets.

Chloé. Vous avez passé la nuit, en ma compagnie, nuance...

Clovis. Passons ! Et c'est au petit matin, que la police intervient ?

Chloé. Oui, bon, ça va ! Ils ne vont pas nous enfumer, lâchez les furets et les chiens pour nous déloger ! Ils ne savent pas qui nous sommes... ni où se trouve notre terrier !

Clovis. Je ne dirai plus rien !

Chloé. C'est vrai qu'avec votre odeur... le plus toquard des clébards nous délogerait !

Clovis. Quoi, mon odeur ? C'est un parfum de marque … enfin !

Chloé. (*Elle le renifle*). Il y aurait des parfumeries qui osent vendre ça … ? (*elle hume*).

Clovis. C'est hors de prix...

Chloé. Soit on vous a vendu de la merde, soit votre parfum a tourné pendant la nuit, ou bien vous êtes en état de décomposition. Passons ! Il me faut votre numéro de compte en banque.

Clovis. Numéro de compte en banque ?

Chloé. Ça marche à tous les coups ! (*En détachant chaque mot*)... Je vais pénétrer sur le compte en banque personnel de Charles Baudry et ensuite je ferai un virement sur votre compte.

Clovis. Sur mon compte ?

Chloé. Oui, sur votre compte !

Clovis. Pour quoi faire ?

Chloé. Pour y mettre le fric que nous lui piquerons.

Clovis. Non, mais ça ne va pas ! J'en veux pas de cet argent. Je ne vous ai rien demandé. Je ne suis pas … un... cambrioleur, moi. Je suis un...

Chloé. *(Toujours concentrée sur l'écran de l'ordinateur).* Bienfaiteur ? Un donateur !

Clovis. Un philanthrope !

Chloé. Vous m'en direz tant ! Arrêtez avec votre histoire de don, ça suffit ! Enfin ! … quoi ? Tout de même ! Vous voulez faire croire ça à qui ! Un moment ça va ! Mais, on ne va pas y passer la semaine, si ?

Clovis. Je suis venu cette nuit, pour déposer des valeurs !

Chloé. Des valeurs ? Vous voulez dire de l'agent que vous avez volé ! Volé à qui ?

Clovis. De l'argent, honnêtement volé au casino … Grâce à ce gain, j'ai racheté des pierres précieuses.

Chloé. Vous ? Chômeur en début de droits ?

Clovis. Oui, moi, chômeur !

Chloé. Vous avez gagné une forte somme ?...

Clovis. Absolument ! Assez pour racheter des pierres précieuses.

Chloé. Allez, c'est reparti pour un tour ! Et vous vous dites, « tiens, je vais faire un don » à Charles Baudry. Je vais augmenter son stock gemmes.

Clovis. Ça vous dérange ?

Chloé. Pour être sûre d'avoir bien compris, je reformule.

Clovis. Reformulez !

Chloé. Donc, vous avez gagné une forte somme au casino, et allez savoir pourquoi, vous vous êtes empressé d'acheter des diamants avec l'intention de forcer la boutique de Charles Baudry, non pour y faire un casse, mais pour y déposer ces fameux diamants ! C'est ça ?…

Clovis. Pour une fois, vous avez bien compris !

Chloé. On parle bien de Charles Baudry, le patron qui vous a viré ?

Clovis. Oui, Charles Baudry le patron qui m'a viré !

Chloé. Il y a virus dans le circuit ou quoi ?

Clovis. J'ai le droit de faire cadeau de ce que je veux, à qui je veux, non ?

Chloé. *(Ironique).* C'est connu, maintenant, depuis l'arrivée de notre nouveau président de la république, nous sommes soumis à la taille et à la corvée seigneuriale...

Clovis. À la taille et à la corvée seigneuriale...

Chloé. Normal ! Vous êtes venu vous en acquitter !

Clovis. M'en acquitter ?

Chloé. C'est un régiment de Perroquets, qu'il a bouffé, le Clovis ! Eh bien, oui, vous en acquitter et après ça, il ne vous restera plus qu'à vous occuper de l'entretien du château, des douves et des bois alentour... n'oubliez pas de retirer les ossements qui peuvent rester dans les oubliettes !

Clovis. Continuez à faire la maligne !

Chloé. Maligne, moi ? Peut-être ! Pauvre Messiiiiiiiiiichon !

Clovis. Croyez ce que vous voulez ! Je suis honnête, moi !

Chloé. Tellement honnête, que vous agissez la nuit...

Clovis. Vous êtes mal placée pour me donner des leçons d'honnêteté.

Chloé. Je suis très bien placé, Monsieur ! Même trop bien placé !

Clovis. Vous n'avez pas le privilège de l'intégrité, si ?

Chloé. Vous êtes venu pour me faire la morale ?

Clovis. La morale ? *(ricanement).* Que faites-vous à bidouiller sur cet ordinateur ? Hackeuse !

Chloé. J'ai besoin d'aide financière.

Clovis. Allez voir votre banquier !

Chloé. Les banquiers ne prêtent qu'aux riches ! Vous l'ignorez ?

Clovis. Ils ne prêtent qu'à ceux qui sont capables de les rembourser... qui puis-je ? C'est comme ça !

Chloé. Comment voulez-vous que ma mère paie sa taxe foncière ?

Clovis. Parce que vous comptiez faire un emprunt pour payer vos impôts ?

Chloé. Faire un emprunt ? Pas question ! Reste Charles Baudry.

Clovis. Charles pour payer la taxe foncière de votre mère ?

Chloé. Ma mère, il ne la connaît pas.

Clovis. Et il est d'accord ?

Chloé. Je n'ai pas l'intention de lui demander l'autorisation.

Clovis. Je plains la France !

Chloé. Plaignez !

Clovis. Je vais vous dénoncer à la police, moi !

Chloé. Et vous expliquerez que nous nous sommes rencontrés, au milieu de la nuit, dans l'appartement vide d'un homme en vacances de l'autre côté de l'équateur.

Clovis. Ne vous croyez pas plus intelligente que la moyenne...

Clovis. Je suis sur le site de la banque de votre Charles... Voilà ! Société Générale ! Ils ne verront même pas que je suis passé chez eux... alors ! Le code secret pour entrer sur le compte de Baudry... Non ! Ça ne marche pas. (*Elle semble abandonner*). Têtue, la machine ! Le code, je l'aurais très vite...

Clovis. Je refuse d'être impliqué dans cette histoire de piratage informatique ! *(il s'éloigne vers la fenêtre).*

Chloé. Vous n'avez pas le choix ! Ensuite, pas de souci, un prélèvement de 507 €. Charlot n'y verra que du feu...

Clovis. J'en doute...

Chloé. J'ajouterai un zéro ! 5070 €.

Clovis. 5070 € ?

Chloé. (*Fort pour qu'il entende*). Deux zéros, 50 700 €, il faut rester raisonnable... et lorsque cela sera fait, ce sera votre tour, à vous, Messichon.

Clovis. (*Il revient*). Je ne veux rien ! Rien du tout !

Chloé. Pauvre garçon, vous croyez que Baudry sait ce qu'il a sur son compte. Le tout, chez ces gens-là, c'est de trouver la faille...

Clovis. Et la faille, vous l'avez trouvée, vous ? ...

Chloé. La faille, je la trouverai, Clooooovis Messichon ! ... J'ai besoin d'argent ! Vous croyez que toute ma vie, j'ai l'intention de rester dans la rue ?

Clovis. Si la rue, ce n'est pas assez bien, mettez-vous sur le trottoir ! Vous ferez d'une pierre deux coups !

SCÈNE.

Clovis et Chloé sont face à face.

Chloé. Échec et mat ! Gagné !

Clovis. Forcément, vous n'avez pas cessé de tricher. Votre cavalier, c'est techniquement impossible qu'il se soit retrouvé sur cette case...

Chloé. Allez Clovis ! Soyez beau joueur !

Clovis. (*En se levant*). Bon alors, il est presque midi... (*Il écarte les rideaux*). Ils sont toujours là...

Chloé. (*Elle se lève*). Vous m'invitez à déjeuner ?

Clovis. (*Il relâche les rideaux*). Je viens de vous expliquer qu'ils étaient encore là.

Chloé. Si ça se trouve, ils ne sont pas là pour vous !

Clovis. Vos supputations ne présentent aucun intérêt, aucun !

Chloé. Je m'en fiche. Moi, je vais me préparer quelques pâtes ! (*elle* *lui tourne le dos et en s'éloignant*). Vous en voulez ?

Clovis. Pas question ! Je ne suis pas chez moi !

Chloé. Allumez la télé ! Et justement, faites comme chez vous ! (*elle disparaît dans la cuisine*).

Clovis. (*Il s'assoit et replace les pièces du jeu d'échecs sur leur plateau*). Cela m'étonnerait !

Chloé. (*Elle pointe le nez*). Je voulais vous prévenir…, votre sacoche, ne la cherchez pas.

Clovis. Pourquoi ? Je devrais la chercher ?

Chloé. C'est moi qui l'ai... (*Elle disparaît à nouveau*).

Clovis. (*Il se redresse et se précipite derrière les sièges*). Putain, qu'en avez-vous faite ?

Chloé. (*Elle repointe le nez*). Confisquée !   (*Elle repart dans la cuisine*)

Clovis. (*En passant devant la cuisine*). Je fouillerais la maison de fond en comble, mais je la retrouverais.

Chloé. Oh ! Messiiiiiiiiiichon, les pâtes ? Vous les aimez comment ? Al denté ?

Clovis. Je n'en veux pas de vos pâtes !

Chloé. Vous m'avoueriez pourquoi vous avez apporté des pierres précieuses au milieu de la nuit, dans une bijouterie dont vous avez été licencié et vous sauriez immédiatement, où se trouve votre sacoche !

Clovis. (*Il revient, l'observe les yeux dans les yeux*). Jamais !

Chloé. (*Devant la cuisine, fourchette à la main*). Moi, ça m'arrange !

Vous n'en vouliez plus de ces pierres et moi, j'en veux, alors, merci !

Clovis. De toute façon, vous n'avez pas quitté l'appartement, ma sacoche n'est sûrement pas très loin...

Chloé. Eh ! Eh ! Vous avez dormi...

Clovis. (*Il revient sur ses pas*). Dormi ? Moi ?

Chloé. (*Elle le pointe avec la fourchette*). Dormi, vous ! Oui ! ….

Clovis. Je ne dors que d'une oreille...

Chloé. Ce doit être sur celle qui entend.

Clovis. Celle qui entend ?

Chloé. Si vous n'avez rien entendu, c'est que vous êtes sourd d'une oreille. Visiblement, vous avez dû dormir sur la mauvaise oreille...

Clovis. M'en fiche ! Vous n'êtes pas sortie... alors !

Chloé. Pas mal, hein ?

Clovis. Quoi, pas mal ? Vous avez vu le contenu de la sacoche ?

Chloé. Moi, non ! Elle était cadenassée !

Clovis. Quelqu'un est venu ici, pendant que je dormais...

Chloé. Eh ! Eh !

Clovis. Si je vous dis, pourquoi j'ai apporté cette sacoche, vous me rendrez mes valises...

Chloé. Parfaitement !

Clovis. Asseyez-vous !

Chloé. (*Fourchette en l'air*). Mes pâtes !

Clovis. On s'en fiche ! Asseyez-vous !

Chloé s'assoit et les genoux bien serrés, les mains posées sur les jambes sagement.

Clovis. Je suis venu restituer des pierres précieuses que j'avais échangées contre des imitations alors que j'étais en cours de licenciement...

Chloé. Ouaaaaaaaaaaaaaah ! Messiiiiiiiiiiiichon, vous êtes un voooooleur et un escroc !

Clovis. J'étais...

Chloé. Messiiiiiiiiiiiichon, si vous rendez ces gemmes, vous avez donc, un grain ?

Clovis. Non ! Je suis honnête !

Chloé. Quelqu'un a-t-il porté plainte pour le vol de ces Pierres précieuses ?

Clovis. Non !

Chloé. Vous avez été suspecté par Charles Baudry ? Par la police ?

Clovis. Non pas davantage !

Chloé. Alors, c'est votre conscience.

Clovis. Ma conscience ?

Chloé. Vous avez une conscience, Clovis ?

Clovis. Ma valise ?

Chloé. Votre valise ? Ne soyez pas prétentieux, il ne s'agit que d'une sacoche.

Clovis. Sacoche ou valise, rendez-la-moi !

Chloé. Pas de raison que je vous la restitue puisqu'elle ne contient en pierres que la valeur supposée de ce qui correspondrait à un vol que vous n'assumez pas, n'est-ce pas, cloooooooooovis ?

Clovis. Mais qu'est-ce qu'elle raconte ? Je n'y comprends rien !

Chloé. Pas besoin de comprendre, vous savez de quoi, je parle !

Clovis. Je rends ce que j'ai pris... donc pas de vol !

Chloé. Il y a vol, même si personne ne s'est plaint à ce jour.

Clovis. J'ignore si quelqu'un a porté plainte...

Chloé. Il n'y a qu'un looser pour oser venir indemniser sa victime, son ex patron, l'homme même qui l'a mis à la porte de son entreprise.

Clovis. Je fais ce que je veux de ma vie !

Chloé. *(Moqueuse)*). Si maintenant, les voleurs rendent ce qu'ils ont volé ! C'est le monde, à l'envers !

Clovis. Laissez tomber !

Chloé. Imaginons que demain, les patrons rencontrent les personnels licenciés pour présenter des excuses et les rembaucher...

Clovis. Laissons tomber, je vous dis !

Chloé. Imaginons, les présidents de grandes entreprises payant grassement leurs employées, et pourquoi pas, imaginons que le président de la république lui-même, décide de vendre ses biens et ceux de ses amis, les nantis, pour offrir à manger aux pauvres...

Clovis. Ce n'est pas parce que l'on est riches que l'on est pingres !

Chloé. Imaginons que le pape vende sa mitre pour nourrir les pauvres squattant le parvis de Saint Pierre.

Clovis. Vous mélangez tout !

Chloé. *(En sautant d'un fauteuil à l'autre).* Imaginons un monde, où les pauvres ne payeraient plus d'impôts, les vieux recevraient des retraites décentes, les milliardaires rapatrieraient leurs fortunes en France pour créer de nouvelles richesses... l'âge légal du départ à la retraite serait rabaissé à cinquante ans...

Clovis. Bien sûr ! Bien sûr !

Chloé. Nous sommes dans un monde coupé en deux, avec un budget des pauvres d'un côté et un budget des riches de l'autre ? Et ce sont les riches qui gèrent le budget des pauvres ! Comprendo ?

Clovis. Il est un peu tard à votre âge, pour vous lancer dans la politique ! Maintenant, les pâtes !

Chloé. Oui, bon, si ça ne va pas assez vite, vous allez les chercher vos pâtes ! Messichon ! Les pâtes, ce sont des pâtes de riches, et les pâtes de riches, il faut les mériter. Vous devriez le savoir !

Clovis. Je reconnais bien chez vous, une attitude de pauvre ! Dès qu'il y a quelque chose à exploiter, on l'exploite !

Chloé. Parce que vous croyez que les ouvriers que l'on jette à la rue, eux, on ne les a jamais exploités, qu'on ne leur a pas volé du temps, le temps qu'ils auraient aimé passer, en famille, consacrer à leurs enfants.

Clovis. Vous êtes jalouses de ceux qui réussissent, de ceux qui ont su créer des richesses à la sueur de leur front... de ceux qui n'hésitent pas à se lever tôt le matin et à se coucher tard le soir !

Chloé. *(Elle le pique avec la fourchette et court vers la cuisine.)*

SCÈNE.

Ils mangent leurs pâtes sur la table de salon.

Chloé. Elles sont trop cuites.

Clovis. On ne s'improvise pas cuisinière...

Chloé. (*En lui jetant les pâtes à la figure*). La prochaine fois, vous n'aurez qu'à vous les faire !

Clovis. (*Debout, hurlant et observant ses habits*). Non, mais, ça ne va pas ! Folledingue ! Il n'y aura pas de prochaine fois !

Chloé. J'ai une nouvelle proposition à vous faire...

Clovis. Non, merci ! Je connais le style de vos propositions !

Chloé. Vous avez besoin d'être pris en main.

Clovis. Pris en main ?

Chloé. Nous sommes tous les deux au chômage.

Clovis. Je vous arrête, je dispose d'un toit, d'une BMW, d'une femme, j'ai même une piscine... des enfants, des beaux parents richissimes...

Chloé. Un hélicoptère, non ?

Clovis. Non, mais ça viendra.

Chloé. Ne vous faites pas d'illusion, votre femme vous a déjà quittés.

Clovis. C'est tout, ce que vous avez à dire ?

Chloé. Elle vous trompe avec tous les hommes qu'elle croise.

Clovis. (*En se précipitant sur elle*). Salope !

Chloé. Elle vous trompait déjà alors que je travaillais encore à la bij.

Clovis. Toutes les femmes ne sont pas comme vous ! Ne prenez pas votre cas pour une généralité !

Chloé. *(Elle esquive en riant).* C'est connu que ce sont les cocus les derniers informés.

Clovis. (*Complètement stressé*). Assez !

Chloé. (*Très sûre d'elle, enjouée*). Le garçon, avec les cheveux frisés, un blond qui roulait en Porche, vous vous en souvenez ?

Clovis. Roger ?

Chloé. Ouais, ça doit être ça. Roger Pelletan...

Clovis. C'est mon meilleur ami ! Il est aussi homo qu'il est riche !

Chloé. Aussi homo qu'il est riche ? *(pause)*. Alors, il est très pauvre !

Clovis. Vous le connaissez mieux que moi ?

Chloé. Mieux que vous, non, mais votre femme le connaît sous toutes les coutures, elle !

Clovis. Isabelle et moi, nous sommes mariés depuis dix ans. Ça fait dix ans que vous avez été remerciée... alors ….

Chloé. Déduction ! Elle vous trompait, avant, pendant et après le mariage !

Clovis. *(Il la poursuit à travers la pièce, mais Chloé très agile saute sur les sièges et les contourne)*. Mais je la tue... bonté divine, ces flics, mais qu'est-ce qu'ils font...?

Chloé. *(Elle s'assoit loin de lui)*. Vous n'allez pas vous rendre tout de même ?

Clovis. Je ne vous crois pas....

Chloé. Je prends le parie que maintenant que vous ne travaillez plus, elle va demander le divorce très rapidement.

Clovis. Mais prenez tous les paris que vous voulez ! Je l'ai épousée, elle avait vingt ans.... Où allez-vous chercher de telles bêtises ? Où ? Tiens ! Si ma femme me trompe, je me … je me … je me bouffe l'oreille gauche... non, mieux, je me castre...

Chloé. Vous vous castrez ? Alors là, vous avez confiance en elle ! Morte de rire ! Je connais un bon chirurgien... je vous laisserai ses coordonnées.

Clovis. *(Il prend son portable et compose un numéro)*. Ça sonne !

Chloé. *(Provocante)*. Vous avez des doutes ?

Clovis. Pas le moindre. D'ailleurs, regardez, je n'ai rien à cacher, je mets l'ampli. Écoutez, prenez-en de la graine ! Vous allez comprendre ce que c'est qu'une belle histoire d'amour, sincère et tout !

Chloé. Vous ne prenez pas beaucoup de risques, elle déjeune probablement sur son lieu de travail !

Clovis. Son lieu de travail ? *(rire)*. Elle est milliardaire ! Tiens, ça décroche...

Téléphone. (*Voix d'une femme qui joui*t). Hoooo ! Hooooooooooooooo ! Rooooooooooooger ! Encooooooooooooore.

Chloé. C'est éloquent ! Mon pauvre ! Roger ? Qui est ce Roger ? Ne serait-ce celui que vous traitiez d'homo ? Alors, si même les homos nous trahissent, où va le monde !

Clovis lui jette son téléphone à la figure. Il sort son pistolet, active la détente et se place le canon contre la tempe.

Clovis. Je ne veux rien savoir ! Je n'ai rien entendu !

Chloé. Allez-y ! Appuyez d'un coup ! Vous ne sentirez rien !

Clovis. Merde !

Chloé. Ne soyez pas grossier ! Vous voulez que je vous aide ?

Clovis la menace avec l'arme.

Clovis. Vous, je vais …

Chloé. *(Qui le coupe)*. ….Fermer ! Je sais, vous voulez tout fermer. Ouvrez-vous, au contraire !

Clovis. (*Il reporte l'arme contre sa tempe*). Vous allez voir, comment je vais m'ouvrir ! (*Il tire, la balle traverse le tableau et les alarmes se remettent à hurler*).

Chloé. *(Elle lui arrache l'arme des mains).* Donnez-moi, cette arme.

Clovis. (*Il s'effondre dans un fauteuil*). Je l'aimais.

Chloé. Vous l'aimez toujours !

Clovis. Si je la perds... je … je...

Chloé. ... Vous perdez la fortune qui va avec...! J'avais bien compris !

Clovis. Je m'en moque de sa fortune !

Chloé. Il y a un choix à faire. Être cocu et rester riche ! La larguer et devenir un « pauvre »,… p-a-u-v-r-e !

Clovis. Qu'elle bouffe son héritage ! Elle a voulu faire un contrat de mariage, pas bête la guêpe !

Chloé. Ne vous en faites pas, vous avez encore vos indemnités chômage, non ?

Clovis. Je n'en veux pas ! Je refuse la charité ! J'ai mon honneur, moi ! Je fais partie de ceux qui se lèvent tôt, et qui travaillent plus.

Chloé. Bien ! Bien ! Saint Président de la République, priez pour nous, pauvre chômeur !

Clovis. Je préférerais encore la rue...

Chloé. Allez directement sur le trottoir ! Ça marche aussi pour les mecs ! Enfin, c'est vrai qu'à votre âge, ce sera difficile de trouver des clientes...

SCÈNE.

Chloé derrière le rideau, observant la rue.

Chloé. Bon, Clovis, vous allez pouvoir partir !

Clovis. Jamais !

Chloé. La police est en train de partir … le chemin est libre.

Clovis. (*La tête entre les mains*). Vous voulez que j'aille retrouver celle qui me trompe ? Jamais !

Chloé. Je suis sûre que c'était une méprise !

Clovis. Une méprise qui hurle, une méprise qui jouit en criant « Roger » !

Chloé. Les méprises, je connais.

Clovis. C'est comme les apparences ?

Chloé. Comme les apparences ?

Clovis. Vous êtes amie avec les méprises, comme vous l'êtes avec les Apparences ?

Chloé. Moi, je suis amie avec qui vous voulez ! Calmez-vous ! Des femmes, il y en a partout !

Clovis. M'en fiche des femmes !

Chloé. On ne vire pas sa cuti, comme ça !

Clovis. Moi, si !

Chloé. Allez ! La police est partie, rentrez chez vous !

Clovis. Chez moi, c'est ici !

Chloé. Ah ! Non, ici c'est chez Charles Baudry. Je ne partage pas mes squats, avec n'importe qui !

Clovis. Je ne suis pas n'importe qui, je suis Clovis Messichon, ami personnel de Charles Baudry, ministre de la France.

(Elle s'approche de lui et le prend par la main – il commence à sangloter et pose sa tête sur l'épaule de Chloé).

Clovis. Tout le monde me déteste !

Chloé. Vous ne vous trouvez pas un peu ridicule ?

Clovis. Et vous, vous ne trouvez pas ridicule que votre mari vous ait quittée. Hein ?

Chloé. Oui, mais lui, il m'a quitté pour deux filles... vingt et vingt-cinq ans, quarante-cinq ans, le compte est bon !

Clovis. Il y a même de la marge.

Chloé. Ok ! Je vous propose une des chambres … nous partagerons la cuisine.

Clovis. Partager la cuisine.

Chloé. Moi, je l'occuperai, disons de midi à 15 heures, et vous de 15 heures à 18 heures... ensuite...

Clovis. On pourrait la partager en même temps, non ?

Chloé. On pourrait, mais c'est mieux d'en profiter à des heures différentes ! Oui, c'est mieux !

Clovis. C'est mieux ? Pourquoi est-ce mieux ?

Chloé. Parce que c'est mieux. Vous arrivez en plein milieu de la nuit, vous loupez votre casse et voilà que vous allez me dicter votre loi, chez moi.

Clovis. Je n'ai pas fait de casse et je ne dicte rien.

Chloé. Si !

Clovis. Quoi, si ?

Chloé. La, si, do, ré, mi !

Clovis. Rendez-moi mes Pierres précieuses, je vais partir !

Chloé. Je ne les ai plus.

Clovis. Vous ne les avez plus ?

Chloé. Pour tout vous dire, j'ai une cachette, en bas dans les caves.

Clovis. Allons-y !

Chloé. Le problème, c'est que moi-même j'avais des... objets ! Enfin des objets de valeur...

Clovis. Ne vous en faites pas, je saurai faire le tri...

Chloé. Vous ne saurez rien faire du tout !

Clovis. Soyez plus claire !

Chloé. Lorsque j'ai vu la police débarquer, j'ai appelé mon frère pour qu'il prenne ce que j'avais stocké et qu'il aille le planquer...

Clovis. Que voulez-vous que ça me fasse ?

Chloé. Il est passé cette nuit...

Clovis. C'est lui qui est venu pendant que je dormais...

Chloé. Voilà ! Et il a tout emporté ?

Clovis. Tout emporté ? Eh bien, tant mieux ! Ouf, j'ai eu peur !

Chloé. Problème... euh … voilà...

Clovis. Problème ?

Chloé. La police l'a arrêté !

Clovis. Avec mes pierres précieuses ?

Chloé. Avec vos pierres précieuses !

Clovis. À d'autre ! La police n'a arrêté personne ! Sinon, ils ne seraient pas restés toute la nuit et une partie de la journée.

Chloé. Non, mais vous le faites exprès ou quoi ? Vous savez, mon frère, n'est pas du style à se jeter dans la gueule de la police. Il s'est planqué en bas... et si la police est partie, c'est parce qu'ils l'ont arrêté, lui, avec les pierres précieuses ! Coupable idéal !

Clovis. Vous déconnez !

Chloé. En plus, avec le casier judiciaire qu'il a, mon frère, je vais vous dire, les pierres, il a du avoir mal, à faire croire qu'il les a trouvées dans la rue.

Clovis. Putain ! Il va nous donner !

Chloé. Nous donner ?

Clovis. Nous trahir, nous dénoncer à la police !

Chloé. Il l'aurait déjà fait !

Clovis s'effondre....

Clovis. Ma seule fortune, mes indemnités chômages... je me les fais piquer par un escroc, un petit voleur sans envergure.

Chloé. Ce n'est pas un albatros, mais les bras écartés, mon frère a une belle stature.

Clovis. Où est mon arme ?

Chloé. Vous n'allez pas recommencer ! Si ?

Clovis. (Nostalgique)). Vous imaginez, ces diamants, il m'a fallu des jours pour les voler, un à un, et les remplacer pour des oxydes de Zirconium...

Chloé. Le métier de voleur est de plus en plus difficile de nos jours.

Clovis. Un diamant piqué, ici ! Un autre piqué par là ! Un remplacé par un oxyde, l'autre par une verroterie...

Chloé. Le niveau des bijoutiers a baissé. Autrefois, nous n'avions pas de spectrographes, pas de binoculaires, l'oeil du bijoutier suffisait pour vous détecter le vrai du faux...

Clovis. (*Compatissant*). Ne m'en parlez pas ma petite dame !...

Chloé. Eh oui !

Clovis. C'est une femme comme vous, que j'aurais dû épouser...

Chloé. Oui ! Enfin bon... moi, vous savez ! Chatte échaudée craint les hommes !

Clovis. Vous avez un penchant pour les animaux vous ?

Chloé. Je ne vois pas le rapport !

Clovis. En tout cas, soyez honnête !

Chloé. Voilà ! Voili ! Voilo ! Quelle est la suite du programme ?

Clovis. Trouver du travail ! Rien d'autre à faire. Je me doutais bien que cette gamine me larguerait un jour.

Chloé. Aujourd'hui, l'important n'est plus de travailler...

Clovis. Tiens donc !

Chloé. L'important, c'est de se débrouiller.

Clovis. Et vous avez des solutions pour un homme comme moi ?

Chloé. Un homme comme vous, je ne sais pas, mais pour un homme oui...

Clovis. Dites toujours !

Chloé. La polygamie, c'est à la mode dans certaines couches de la société.

Clovis. La polygamie ? Déjà une femme, ça vous coûte une fortune, alors plusieurs...

Chloé. Il faut savoir les exploiter.

Clovis. Les exploiter ?

Chloé. Vous n'êtes pas obligé de toutes les épouser, mais vous vous contentez de reconnaître deux ou trois enfants, dans chaque département... et voilà que vous pouvez être père de 300 enfants.

Clovis. Père de mille enfants ! Que voulez-vous que je fasse de 300 enfants ! Déjà un je ne sais pas si je saurais m'en occuper.

Chloé. Et la femme, elle est faite pourquoi ? Pour s'occuper des gosses, non ?

Clovis. Vous n'êtes toujours pas sérieuse ?

Chloé. Mais pensez allocations familiales ! Toucher les allocs pour trois cents enfants, c'est mieux que le loto, mieux que le casino...

Clovis. N'importe quoi !

Chloé. Y en a qui ont essayé.

Clovis. Et qui sont en prison, aujourd'hui !

Chloé. Oui, mais... Y en a qui ont essayé.

Clovis. Oui, mais... qui sont en prison, aujourd'hui !

Chloé. Pas tous ! Y a pour qui ça a marché !

Clovis. Vous me les présenterez !

Chloé. Ceux pour qui ça marche, vous croyez qu'ils vont venir vous le dire ! Ils sont une majorité...

Clovis. Non pas question de marcher dans ce genre de combine ! Je suis honnête, moi !

Chloé. Un autre métier qui est assez intéressant... mais, à votre âge ! Ça risque de ne pas être très rentable.

Clovis. Dites toujours !

Chloé. Vous n'avez pas de génie dans la famille ?

Clovis. De génies ? *(hésitation)*.

Chloé. Visiblement, ça n'a pas l'air d'être le cas. Laissez tomber !

Clovis. Mon arrière-grand-père, du côté de ma mère, s'appelait Albert...

Chloé. Albert ? Un enfant de l'assistance, quoi ?

Clovis. Einstein !

Chloé. *(Sceptique)*. Oui, soit ! Albert Einstein... votre arrière-grand-père ! Bien sûr !

Clovis. Pourquoi mon grand-père ne s'appellerait-il pas Albert einstein ?

Chloé. Alors, c'est qu'il a tout pris de l'intelligence de la famille.

Clovis. Je ne vous permets spas !

Chloé. Il a fait payer les générations futures. Pas de chance ! Enfin bon, si vous avez la preuve d'être parent avec Albert Einstein, c'est plutôt un bon point.

Clovis. Un bon point ?

Chloé. Oui, pour ce que je veux vous suggérer de faire.

Clovis. Me suggérer de faire !

Chloé. Il faudrait que vous réalisiez des voyages en Finlande.

Clovis. Accouchez !

Chloé. Non, le mot n'est pas approprié !

Clovis. Que voulez-vous que j'aille faire en Finlande !

Chloé. Donneur de sperme ! Si vous prouvez que vous avez des ancêtres, d'un niveau intellectuel performant, vous pourriez les intéresser, les Finlandais !

Clovis. Moi, donner mon sperme.

Chloé. C'est bien payé ! À raison de deux ou trois dons par semaine, vous …là-bas, vous devenez riche !

Clovis. Riche ? Moi ! Donner mon sperme ! Je ne tiens pas à peupler toute la finlande. Allez, arrêtez ! J'ai d'autres choses à faire que d'écouter votre délire permanent !

Chloé. Je ne vous retiens pas.

Clovis. Je vous avoue tout de même. J'ai tout perdu, mais vous m'avez donné une belle leçon.

Chloé. Moi, je vous ai donné une belle leçon ?

Clovis. Oui ! Une très belle leçon de tolérance et de débrouillardise.

Chloé. *(méfiante).* Alors, là ! Il faut que je me méfie.

Clovis. Je peux vous embrasser ?

Chloé. Non ! Un mec qui m'a virée … je ne l'embrasse pas. Rajouter ça, à la leçon que je vous ai donnée !

Clovis. Je vous laisse ma carte de visite !

Chloé. Surtout pas ! Je n'ai pas l'intention d'entretenir une relation avec vous !

Clovis. Eh bien, je la laisse quand même ! *(Il la jette n'importe où et il s'en va en claquant la porte).*

Chloé. Ouf ! Enfin débarrassée, de ce ouf ! *(Elle plonge sur le canapé et reste un moment à fouiller).* Les voilà ! Le con, il a marché

! Il a cru à l'arrestation de mon frère ! (*elle sort la sacoche de Clovis, se relève et en renverse le contenu sur la table de salon*). Brussel, papier de soie, tout y est ! Ouah ! Si ce sont de véritables diamants, (*elle les déplace avec la pince Brusse*l). ... cinq, dix, vingt pierres ! ... cinquante, cinquante-deux, cinquante-quatre. À un bon carat minimum... celle-ci, fait au moins deux carats ! Celle-ci ... oh mon Dieu ! Un an de salaires... où est mon téléphone ? (*Elle court à travers la pièce, elle le retrouve sur un meuble*).

Chloé. Allo ! John, écoute, j'ai quelques pierres de valeur... Non ! (insistante). Non, je te dis non ! Pas question que tu viennes ici. Je vais les déposer... où tu sais... et toi, tu iras les porter chez maman. Non, quand je dis chez Maman, ça veut dire à l'hosto... je vais demander une deuxième chambre pour toi ! Il n'y a pas que notre mère qui souffre d'Alzheimer. Allez, fais ce que je te dis.

SCÈNE.

Chloé avec miroir grossissant, trousse de maquillage, peignes, brosses, en robe de chambre. Elle a tout installé sur la table basse de salon et se manucure en observant ses doigts dans le miroir. Bruit dans l'entrée, c'est Clovis qui surgit. L'ordinateur est ouvert à côté d'elle.

Clovis. (*Il entre sans frapper*). J'ai besoin d'aide !

Chloé. On ne vous a jamais appris à frapper avant d'entrer chez quelqu'un ! (*il s'observe longuement la main*).

Clovis. J'ai besoin de dormir.... Si Charles, le propriétaire me dit de frapper, je frapperai....

Chloé. Je suis la propriétaire !

Clovis. Je peux dormir ici ? Je me suis battu avec ma femme.

Chloé. Je suis la propriétaire !

Clovis. Vous êtes ce que vous voulez ! Je n'ai pas dormi. J'ai erré toute la nuit.

Chloé. Votre problème. Je ne vois pas ce que vous venez faire ici !

Clovis. Je viens y faire, ce que vous y faites !

Chloé. Il n'y a pas de place pour un inconnu.

Clovis. Ici, c'est chez Charles, je l'ai connu avant vous !

Chloé. Vous avez oublié qu'il vous a licencié !

Clovis. Je me venge en squattant chez lui. Je ne vais pas me battre avec vous, aussi !

Chloé. Manquerait plus que ça ! Allez sortez !

Clovis. Elle a appelé la police, ma conne de femme !

Chloé. Elle a bien fait ! D'ailleurs, je ne me solidarise pas avec un homme qui frappe les femmes !

Clovis. Ce n'est pas moi, c'est elle !

Chloé. Vous n'assumez rien.

(Sirènes de police).

Clovis. La police !

Chloé. Laissez tomber ! Comment voulez-vous que la police vienne vous chercher ici ?

(Il court vers la fenêtre).

Clovis. Il y a deux voitures, elles se sont arrêtées. Un lieutenant et trois hommes qui le suivent.... Mer... credi ! *(il court se cacher).*

Chloé. À mon avis, s'ils entrent, ils vous trouveront.

Sonnette.

Clovis. Protégez-moi !

Chloé. Rêvez ! Vous croyez quoi, que je vais me sacrifier.... (*Elle va vers la porte alors que Clovis se relève et part dans la cuisine. Elle ouvre*).

Chloé. (*Avec l'accent portugais*). Messieurs, que puis-je faire pour vous ? La pooooooliiiiiiiice ? Je suis désolée, Madame et Monsieur le Ministre, ne sont pas ici, ils sont en vacances. Un homme ? Un forcené ? Ici ? Non, jé vous rassoure, aucoun forcené, ici ! Voulez-vous que j'appelle mes employeurs, au téléphone ? Vous voulez entrer ? Mais bien sûr, c'est sans problème !... je suis sûre que Monsieur le Ministre d'état apprécierait que vous visitiez son appartement en son absence. Mais vous ne faites que votre travail... je n'insiste pas ! Je ne veux pas mettre la police mal à l'aise. Mais vous avez raison, avec ces politiciens, on ne sait jamais. La circulation... vous y retrouver ? À votre âge ? Je comprends … Alors au revoir !

Elle ferme la porte et revient s'asseoir devant sa trousse de maquillage.

Clovis. (*En rentrant*). Vous m'avez sauvé la vie ! Vous avez l'âme d'une résistante. (*Il veut l'embrasser*).

Chloé. (*En l'esquivant*). Non, mais attendez, vous n'allez pas me léchouiller toutes les cinq minutes ? Même un caniche, à côté de vous, … enfin... écoutez ! Un garçon de votre âge. Tout de même !

Clovis. Je vous revaudrais ça.

Chloé. Non ! Avec vous, toutes les occasions sont bonnes ! Ça va … vous partez, c'est ce qu'il y a de mieux à faire. (*Sonnerie de son portable*). Tiens, passez-moi, mon portable....

Clovis s'exécute.

Chloé. Allô ? Maman ? Non, mais enfin... où es-tu ? Mais... mais... Non, là, il y a quelque chose qui ne va pas ! Tu es à Londres ? toi ?

Quoi ? *(à Clovis)*. Elle dit qu'elle est à Londres ! *(à sa mère)*. Raccroche, j'arrive, je viens voir ton infirmière, ton psy. *(Intervention d'une anglaise)* ; Hi! Good morning… My mother is suffering from Alzheimer! *(En aparté, à l'attention de Clovis sans raccrocher)*. Ah ben merde, alors ! Qui c'était celle-là ? Une infirmière ? On doit leur enseigner l'Anglais à l'hôpital !

Clovis. Votre Maman a dû se perdre, ça arrive chez ce genre de malade !

Chloé. Se perdre ? Allô, maman, hold on, please ! (à Clovis) Messichon, vous croyez que ma mère a dérivé de Paris à Londres ? Excusez-moi. *(Au téléphone)*. Allô, Maman. Je suis avec un abruti qui affirme que tu as dû te perdre ! Si c'est le cas, ne bouge pas ! Je préviens la police pour qu'on vienne à ton secours et je prends le premier vol ou le premier TGV pour Londres. Tu n'y seras plus ! Ah ? Et tu seras où ? Aux Bahamas ? (À Clovis). Elle part aux Bahamas. C'est ça avec ce genre de maladie ! *(Au téléphone)*. Tu as acheté une île ? *(à Clovis, en secouant la tête incrédule)*. Elle a acheté une île. Non, maman, non, c'est ta maladie. Tu n'es pas à Londres et tu n'as pas acheté une île aux Bahamas. Il n'y a aucune île à vendre aux Bahamas ! Quoi ? Sur les 700, tu en as trouvé une... ma mère est folle... Je raccroche, j'appelle, John. Il faut que... quoiiiiiiiii ? John est avec toi ? Non ! Noooooon, ne me dis pas que... quoi ! Non ! Non ! Je ne suis pas d'accord ! Ces pierres, c'est moi qui les aie volées... Non, mais, il a fallu que... non, la sacoche de ce matin, elle est petite, mais elle contient des pierres exceptionnelles... un flawless, extra white de trois carats vingt-cinq ? Puuuutain...

(Elle reste sidérée le téléphone dans la main, les yeux au plafond).

Clovis. Vous possédez combien de mères ?

Chloé. Une ! Ça suffit !

Clovis. Votre mère a volé mes diamants, c'est elle qui les a...

Chloé. Attends, il y a un énergumène qui s'excite à côté de moi. Je te rappelle pour te dire où l'on se retrouve. Je t'embrasse. Tu n'avais plus les moyens de te loger et tu as profité du système en te faisant passer pour une malade d'Alzheimer. Mais Maman, c'est malhonnête, on ne fait pas ça ! Enfin, tu ne nous as pas élevés comme ça, John et moi ! Je ne peux pas t'en vouloir. Allez, je t'embrasse. (*Elle raccroche*). Allez Clovis ! Embrassez-moi !

Clovis. Que je vous léchouille, vous, vous vous êtes bien regardée.

Chloé. J'avais mis une petite de champagne de la cave des Baudry dans le réfrigérateur, nous allons le boire...

Clovis. Boire, le champagne ?

Chloé. Si vous préférez vous en servir pour vous laver les pieds, à votre guise.

Clovis. Et en quel honneur, nous boirions le champagne ?

Chloé. Pour fêter notre installation sur l'île de Manoutora.

Clovis. Mais, pas question....

Chloé. (*En sortant*). Chut !

Clovis. Elle est folle ! Folledingue !

(*On entend le bruit d'une bouteille de champagne que l'on ouvre*).

Chloé. (*Retour avec deux flûtes et une bouteille*). Buvons !

(*Sirène de police*).

Chloé. Nous n'avons plus le choix... partons !

Clovis. Vous avez raison ! (*ils trinquent et quittent précipitamment la pièce*).

RIDEAU

Table des matières

www.ingramcontent.com/pod-product-compliance
Lightning Source LLC
Chambersburg PA
CBHW071724170526
45165CB00005B/2145